# Mikroabenteuer erleben

Die besten Ideen und Tipps für die schönsten und aufregendsten Erlebnisse im Alltag

*inkl. Mikroabenteuer für Kinder, für den Winter und von 5 to 9*

## Lara Althaus

# INHALT

# Das erwartet Sie in diesem Ratgeber

Sie arbeiten 40 Stunden in der Woche und haben kaum noch Zeit für sportliche Aktivitäten oder sonstige Erlebnisse in der Natur? Sie sind ständig unter Druck und können eigentlich nur noch auf Reisen wirklich abschalten und etwas unternehmen? Sie wollen dies aber ändern und endlich aus Ihrer Komfortzone ausbrechen? Dann ist dieser Ratgeber die ideale Möglichkeit, um Ihr Vorhaben in die Tat umzusetzen. Die meisten Menschen sind heutzutage viel zu bequem, um nach draußen zu gehen und etwas zu erleben und erfinden immer wieder Ausreden, statt wirklich einmal etwas zu wagen. Aber das muss nicht so sein, denn das nächste Abenteuer wartet oftmals schon an der nächsten Ecke, ist ganz schnell vorbereitet und einfach durchzuführen. In diesem Ratgeber soll es um jene Unternehmungen gehen – die sogenannten Mikroabenteuer –, die wirklich für jeden, unabhängig von Alter und Erfahrung, geeignet sind.

Sie erfahren zunächst, woher die Idee für das Mikroabenteuer überhaupt kam und wie ein Mikroabenteuer definiert werden kann. Außerdem erhalten Sie viele verschiedene Gründe, warum es sinnvoll ist, ein kleines Abenteuer in der Natur zu unternehmen und wie Sie sich am besten dazu überwinden können. Wenn Sie wissen, was es mit dem Mikroabenteuer auf sich hat, dann können Sie sich im Praxisteil des Ratgebers viele Inspirationen und vor allem Tipps holen. Die Unternehmungen sind dabei in unterschiedliche Kategorien aufgeteilt, die für jeden Geschmack etwas Passendes bieten. Durch die detaillierten Vorgehensweisen bei den verschiedenen Unternehmungen können Sie im Anschluss gleich mit Ihrem persönlichen Abenteuer anfangen und Ihre Komfortzone endlich verlassen.

# Ursprung des Mikroabenteuers

## HERKUNFT DES BEGRIFFS

**B**evor wir zu den konkreten Tipps und Vorschlägen für Mikroabenteuer kommen, sollten Sie erst einmal erfahren, wo der Ursprung dieses Begriffs liegt. Die Wurzeln des Mikroabenteuers reichen nämlich bis in die Neunzigerjahre zurück. Damals hat Rüdiger Nehberg den Gedanken des Survivals in Deutschland verbreitet. Dabei geht es darum, in einer Notsituation mit möglichst wenigen oder komplett ohne Hilfsmittel überleben zu können. Rüdiger Nehberg war auf diesem Gebiet ein Experte. Er wanderte 1000 Kilometer durch Deutschland und überquerte den Atlantik mit einem Tretboot. Die Erfahrungen von seinen Abenteuern wollte Nehberg auch mit Kindern und Jugendlichen teilen. Im Jahr 1993 entstand deshalb eine Fernsehreihe mit dem Titel „Abenteuer vor der Haustür". Dabei gab er jungen Menschen Anreize für Abenteuer, die ohne viel Aufwand nachgemacht werden konnten. Bereits in den Neunzigern gab es also die Idee von kleinen, einfachen Abenteuern.

21 Jahre später erhielt Nehbergs Idee neuen Aufschwung, denn der britische Autor und Abenteurer Alastair Humphreys erfand den Begriff „microadventure". Humphreys wurde 2012 vom National Geographic Magazine zum Abenteurer des Jahres gewählt. Er legte über 70.000 Kilometer mit dem Fahrrad zurück, wanderte durch Indien und lief durch die Sahara. Nachdem Humphreys Vater wurde und dennoch weiterhin etwas erleben wollte, kam ihm die Idee für das „microadventure", also für ein kleines Abenteuer in der Natur, das einfach in den Alltag integriert werden kann.

Seine Überzeugung, dass auch kurze Abenteuer glücklich machen, wollte Humphreys verbreiten und schrieb das Buch „Microadventures". Damit wollte er verdeutlichen, dass jeder ganz einfach ein Abenteuer erleben kann und dafür weder Geld noch viel Erfahrung benötigt. Schnell zeigte sich, dass die Menschen dieses neue Konzept annahmen.

Humphreys' Buch rutschte bereits am Erscheinungstag auf Platz 12 der Bestseller in Großbritannien und ein neuer Trend war geboren.

## VERBREITUNG IN DEUTSCHLAND

Mittlerweile sind die „microadventures" auch in Deutschland unter dem Begriff des Mikroabenteuers bekannt. In Großstädten wie Berlin, Hamburg, München oder Frankfurt liegen die kleinen Abenteuer seit mehreren Jahren im Trend. Verantwortlich dafür ist insbesondere der Sportler und Autor Christo Foerster. 2018 brachte er den Begriff des Mikroabenteuers nach Deutschland. Begeistert von Humphreys' Idee, beschloss er, das Konzept auch im deutschsprachigen Raum zu verbreiten. Mit seinen Büchern und seinem Projekt „Raus und machen" versucht er, die Menschen zu mehr Mut für Abenteuer aufzufordern.

# Definition und Regeln

## WAS SIND MIKROABENTEUER?

Nachdem Sie nun wissen, woher der Begriff Mikroabenteuer überhaupt stammt, stellt sich die Frage, was ein Mikroabenteuer genau ausmacht. Wie bereits angedeutet, bedeutet die Vorsilbe „Mikro-" klein oder gering. Es handelt sich also grundsätzlich nicht um ein groß angelegtes Abenteuer, sondern um das genaue Gegenteil. Eine genaue Definition gibt es nicht, Humphreys beschreibt ein Mikroabenteuer jedoch als eine Outdoor-Unternehmung, die kurz, einfach, spontan, kostengünstig, aber trotzdem aufregend sei. Sie benötigen dafür keine spezielle Ausrüstung und müssen dadurch keinen großen

Aufwand in die Vorbereitung Ihres Abenteuers stecken.

Ein wichtiger Aspekt ist auch, dass das kleine Abenteuer in unmittelbarer Nähe des eigenen Zuhauses stattfindet. Humphreys geht es insbesondere darum, dem Menschen zu vermitteln, dass ein Abenteuer nicht immer mit einer weiten Reise oder einer Anreise per Flugzeug verbunden sein muss. Im Urlaub fällt es den meisten Menschen sehr leicht, etwas zu unternehmen oder die Umgebung zu erkunden. Zu Hause sind wir dagegen zu faul und gehen lieber unserer gewohnten Routine nach.

Ein Mikroabenteuer soll diese Routine aufbrechen. Es geht darum, die eigene Komfortzone zu verlassen, das Gewohnte hinter sich zu lassen und etwas Neues auszuprobieren. Nur, wenn dies gegeben ist, kann von einem Mikroabenteuer die Rede sein. Aber keine Angst, das hört sich vielleicht nach einer großen Herausforderung an, tatsächlich ist das nächste Abenteuer aber meist viel näher als gedacht. Dadurch, dass ein Mikroabenteuer nahe am eigenen Zuhause unternommen wird, können die eigene Heimat und die Umgebung dann mit ganz anderen Augen betrachtet werden. Sie können sich dabei einfach Zeit für sich nehmen, dem Alltag kurzzeitig entkommen und insbesondere die Natur bewusst wahrnehmen, neue Orte entdecken, Landschaften genießen oder Neues über die Pflanzen- und Tierwelt erfahren.

## VIER WICHTIGE REGELN

Viel zu beachten gibt es bei einem Mikroabenteuer nicht, wie Sie gerade gelesen haben. Für ein Mikroabenteuer gibt es keinen festen Plan. Solange Sie aus Ihrer Komfortzone ausbrechen, handelt es sich um ein Abenteuer, auch wenn die Unternehmung noch so klein ist. Vier kleine Regeln hat Christo Foerster jedoch zusammengestellt, die seiner Meinung nach bei jedem Mikroabenteuer zu beachten sind.

### 1. Öffentliche Verkehrsmittel

Die erste Regel besagt, dass für das Mikroabenteuer ausschließlich öffentliche Verkehrsmittel genutzt werden sollen. Das heißt, Busfahren oder Bahnfahren stellt kein Problem dar, auch ein Rad kann genutzt werden. Falls Sie ein Mikroabenteuer auf dem Wasser planen, können Sie ein Kanu oder ein Stand-Up-Paddle-Board nutzen. Das eigene Auto soll aber, wenn möglich, zu Hause bleiben. Weil das Abenteuer in Ihrer Nähe stattfinden soll, ist die Reise mit einem Flugzeug natürlich tabu.

## 2. Übernachtung im Freien

Das kleine Abenteuer darf gern eine Übernachtung beinhalten. Humphreys empfiehlt sogar, nicht nur einen Tagesausflug zu machen, sondern auch in der Natur zu schlafen. Da das Mikroabenteuer eine Unternehmung im Freien ist, soll natürlich auch die Übernachtung draußen stattfinden. Ein Hotel sollten Sie daher vermeiden. Das klingt vielleicht am Anfang etwas beängstigend, aber keine Sorge. Im Laufe dieses Ratgebers erhalten Sie viele nützliche Hinweise rund um das Mikroabenteuer sowie spezielle Tipps zu einer Übernachtung im Freien.

## 3. Maximal 72 Stunden Dauer

Genau wie alles andere dürfen Sie natürlich auch die Dauer Ihres Abenteuers frei bestimmen. Ein Mikroabenteuer kann nur wenige Stunden dauern, aber auch zwei oder drei Tage lang sein. Wichtig sei laut Foerster nur, dass die Unternehmung insgesamt nicht länger als 72 Stunden dauert.

## 4. „Leave No Trace"

Die letzte und vielleicht wichtigste Regel lautet: „Leave No Trace", also hinterlassen Sie keine Spuren. Wer einen Ausflug in die Natur macht, soll unbedingt alles so zurücklassen, wie es vorgefunden wurde. Das bedeutet, dass Sie darauf achten sollten, Ihren Müll wieder mit nach Hause zu nehmen und dort zu entsorgen. Bonbonpapier, Bio-Abfälle und sonstiger Müll haben in der Natur nichts verloren.

# Warum ein Mikroabenteuer machen?

Eine Frage, die Sie sich womöglich jetzt noch stellen, ist: Warum sollte ich ein solches Mikroabenteuer machen? Tatsächlich gibt es darauf viele Antworten, denn eine kleine, abenteuerliche Unternehmung bringt viele Vorteile mit sich. Im Folgenden sind einige Argumente aufgelistet, die Sie vielleicht überzeugen können, Ihre Komfortzone zu verlassen.

• Umweltfreundlichkeit: Gerade in Zeiten, in denen es

immer wichtiger wird, die Umwelt zu schützen, kann das Mikroabenteuer gegenüber einer Flugreise punkten. Die Luftfahrt verursacht in kurzer Zeit viele Emissionen und ist dadurch schädlich für das Klima. Bei einem kleinen Abenteuer hingegen benötigen Sie nicht einmal ein Auto und sind nur mit dem Rad, zu Fuß oder mit den öffentlichen Verkehrsmitteln unterwegs. All dies ist um einiges klimafreundlicher als eine Reise mit dem Flugzeug.

• Nutzen von Bewegung: Die Tatsache, dass Bewegung einen positiven Einfluss auf den menschlichen Körper hat, ist allseits bekannt. Dadurch ergibt sich also ein weiteres Argument für das Mikroabenteuer. Die Bewegung an der frischen Luft tut dem Körper gut, aber auch dem Geist, der dadurch etwas abschalten kann. Wer den ganzen Tag am Computer verbringt oder viel sitzt, kann oftmals nicht mehr klar denken. Ein kleines Abenteuer im Freien kann gut dabei helfen, den Kopf freizubekommen. Danach werden Sie garantiert wieder viel produktiver und konzentrierter sein.

• Einfachheit: In der Definition von Humphreys ist bereits angeklungen, dass Mikroabenteuer unglaublich einfach sind. Damit ist gemeint, dass das Abenteuer jederzeit unternommen werden kann und nicht geplant werden muss. Durch die Nähe zum eigenen Zuhause ist keine große Anreise erforderlich, wodurch der Aufwand gering ist. Außerdem ist die Durchführung simpel, Sie benötigen in den meisten Fällen kein spezielles Wissen oder Vorkenntnisse. Insbesondere die Mikroabenteuer für Anfänger können sofort begonnen werden und machen trotz ihrer Einfachheit viel Spaß.

• Niedrige Kosten: Im Gegensatz zu einer Flugreise oder einer Reise in ein anderes Land ist ein kleines Abenteuer günstig. Sie müssen höchstens ein paar Euro für die Fahrt mit der Bahn oder die Verpflegung ausgeben. Je nach Mikroabenteuer kann noch eine kleine Gebühr für das Ausleihen von Ausrüstung dazukommen, wobei sich normalerweise alles in einem geringen Rahmen bewegt. Natürlich können Sie aber auch einfach ein Abenteuer unternehmen, für welches überhaupt keine Ausrüstung benötigt wird.

• Viele Möglichkeiten: Ein großer Vorteil von Mikro-abenteuern sind auch die unzähligen Möglichkeiten, die sich hierbei bieten. In jedem Bundesland Deutsch-lands gibt es Wälder, Seen oder Flüsse und viele andere Orte, an denen ein Abenteuer erlebt werden kann. Ein Mikroabenteuer ist damit völlig unabhängig von Ihrem Wohnort. Auch Ihr Alter und Ihre persönlichen Inte-ressen sollten Sie nicht daran hindern, ein Abenteuer zu erleben. Bei den vielen verschiedenen Optionen dürfte für jeden das Passende dabei sein, denn ein Mikroabenteuer kann auf dem Wasser stattfinden, kann entspannt sein, aber auch sehr aufregend. Der Fantasie sind keine Grenzen gesetzt.

# Checkliste: Was gibt es zu beachten?

## ZEIT AUSSUCHEN

Wie Sie bereits gelernt haben, kommt es bei einem Mikroabenteuer darauf an, spontan zu sein, nach draußen zu gehen und einfach loszulegen. Trotzdem gibt es natürlich ein paar Aspekte, über die Sie im Voraus kurz nachdenken sollten. Besonders, wenn Sie ein größeres Abenteuer mit einer Übernachtung machen wollen, ist das notwendig. Das Erste, was Sie sich überlegen sollten, ist, wann Sie das Abenteuer unter-nehmen wollen. Je spontaner Sie dabei vorgehen, umso besser ist es natürlich. Allgemein müssen Sie sich für ein kleines Abenteuer aber nicht extra Urlaub nehmen. Ein Nachmittag, ein paar Stunden am Abend oder die Mittagspause sind völlig ausreichend. Wenn Sie lieber übernachten wollen, können Sie sich auch einfach das nächste Wochenende freihalten. Wichtig ist also nur, dass Sie grob wissen, wann das Abenteuer stattfinden soll und sich dann bewusst dafür Zeit zu nehmen.

## ART DES ABENTEUERS ÜBERLEGEN

Als Nächstes können Sie sich überlegen, welches Mikroabenteuer Sie genau unternehmen möchten. Soll die Unternehmung erst einmal nur ein leichter Einstieg in die Welt des Abenteuers sein?

Soll das Abenteuer auf oder im Wasser stattfinden, wollen Sie lieber zu Fuß unterwegs sein oder mit dem Fahrrad? Wie bereits erwähnt, sind Ihrer Fantasie keine Grenzen gesetzt. Am besten überlegen Sie, was sich bei Ihnen in der Nähe anbietet. Wenn es in Ihrer Umgebung beispielsweise einen See gibt, bietet es sich an, dort ein kleines Abenteuer zu erleben. Nachdem Sie ein paar Ausflüge unternommen haben, werden Sie ganz von selbst einige Einfälle für die kommenden

Abenteuer haben. Ansonsten gilt immer das Prinzip der Spontaneität. Am einfachsten ist es, nach draußen zu gehen und in irgendeine Richtung zu gehen, in die Sie ansonsten nicht so oft gehen, und sich einfach treiben zu lassen. Auch können Sie sich in den folgenden Kapiteln viele Inspirationen für Ihr persönliches Abenteuer holen.

## WETTERBERICHT CHECKEN

Dieser Punkt der Checkliste betrifft vor allem Mikroabenteuer, die mehrere Stunden dauern oder eine Übernachtung beinhalten. Wenn dies der Fall ist, sollten Sie unbedingt den Wetterbericht checken oder online nachschauen, wie das Wetter zur Zeit des Abenteuers wird. Bei einem Gewitter oder starkem Regen ist es ratsam, drinnen zu bleiben.

Ein über mehrere Stunden dauernder Aufenthalt draußen oder gar eine Übernachtung ergeben dann einfach keinen Sinn. Dagegen sollte Sie ein leichter Regen nicht davon abhalten, Ihr Abenteuer trotzdem zu erleben. Wichtig ist der Wetterbericht natürlich auch für die Wahl der richtigen Kleidung, die im nächsten Checklistenpunkt genauer behandelt wird.

# RICHTIGE KLEIDUNG ANZIEHEN

Die Wahl der passenden Bekleidung ist sehr wichtig. Grundsätzlich sollte die Bekleidung unbedingt bequem und natürlich dem Wetter angemessen sein. Abhängig ist dies auch von der aktuellen Jahreszeit. Während Sie im Sommer möglichst leichte Kleidung benötigen, brauchen Sie im Herbst wasserabweisende Kleidung für eventuelle Regenfälle. Im Sommer ist es wichtig, eine Kopfbedeckung einzupacken, um vor der Sonne geschützt zu sein. Ansonsten ist eine Outdoor-Hose oder eine Sporthose sinnvoll sowie ein atmungsaktives T-Shirt und festes Schuhwerk. Falls Sie am Abend unterwegs sind, ist es ratsam, eine Jacke einzupacken. Im Herbst und im Winter ist es notwendig, sich möglichst warm zu kleiden und eine Fleece-Jacke anzuziehen. Auch ein wenig Ersatzkleidung, falls Sie nass werden, sollte eingepackt werden.

# GENÜGEND VERPFLEGUNG MITNEHMEN

Wie Sie sich vielleicht schon denken können, ist es äußert wichtig, genug zu trinken, während Sie unterwegs sind. Einige Mikroabenteuer können auch körperlich etwas anstrengender werden, weshalb es von großer Bedeutung ist, viel Wasser mitzunehmen. Es empfiehlt sich, eine Trinkflasche zu wählen, die sowohl kühlen als auch wärmen kann. Im Sommer ist es wirklich viel wert, bei höheren Temperaturen ein kühles Getränk zur Hand zu haben. Neben dem Wasser ist natürlich auch die Verpflegung nicht zu vernachlässigen. Abhängig davon, wie lange Sie unterwegs sein wollen, sollten Sie dementsprechend nur ein paar Müsliriegel oder aber deutlich mehr Essen mitnehmen. Wichtig ist natürlich auch, dass Sie nicht unnötig viel Gewicht schleppen müssen.

# GEGENSTÄNDE, DIE NÜTZLICH SEIN KÖNNEN

Zuletzt gibt es noch ein paar Gegenstände, an die Sie vielleicht gar nicht denken würden, die sich aber durchaus als sinnvoll erweisen.

Powerbank: Natürlich sollten Sie während Ihres Abenteuers möglichst wenig Zeit am Smartphone verbringen, sondern stattdessen die Natur genießen. Gerade, wenn Sie länger unterwegs sind oder allein unterwegs sind, ist es aber wichtig, dass Sie erreichbar sind oder im Notfall andere Menschen erreichen können. Um zu vermeiden, dass Ihr Handyakku aufgibt, packen Sie eine Powerbank ein, damit Sie notfalls Ihr Smartphone kurz aufladen können. Das gibt einfach ein wenig mehr Sicherheit und ist nicht mit einem großen Aufwand verbunden.

Kleine Decke oder Mikrofaserhandtuch: Wenn Sie sich längere Zeit in der Natur befinden, kann es durchaus sein, dass Sie sich kurz einmal ausruhen und hinsetzen möchten. Für diesen Fall bietet es sich an, eine kleine Decke oder ein Mikrofaserhandtuch einzupacken. Gerade ein Mikrofaserhandtuch ist bereits für

circa zehn Euro erhältlich und kann klein zusammen-
gefaltet werden, wodurch es im Rucksack nicht viel
Platz wegnimmt.

Je nach Mikroabenteuer gibt es natürlich noch
weitere Gegenstände, die Sie unbedingt dabeihaben
sollten. Darüber werden Sie in den folgenden Kapiteln
aber noch ausführlich informiert. Insbesondere bei einer Nacht unter freiem Himmel gibt es ein paar wichtige Tipps.

Diese Checkliste soll erst einmal einen groben
Überblick darüber geben, was es zu beachten gibt. Natürlich gibt es je nach der Art des Mikroabenteuers
noch ein paar zusätzliche Aspekte, die eine Rolle spielen. Wenn Sie beispielsweise mit der Bahn fahren wollen und einen bestimmten Zug nehmen möchten, sollten Sie sich zuvor natürlich auch über die Fahrzeiten
informieren. Ansonsten sind Sie mit dieser Checkliste
aber sehr gut auf Ihr Abenteuer vorbereitet. Am besten
ist aber, wenn Sie sich auf den Rest einfach einlassen
und keinen großartigen Plan schmieden.

# Überwindung und Motivation

Selbstverständlich kostet ein Mikroabenteuer zu Beginn einiges an Überwindung. Wie zu Beginn bereits angeklungen ist, ist der Mensch bequem und folgt ständig einem bestimmten Muster. Aus diesem Muster brechen wir nie oder nur selten aus. Stattdessen bleiben wir lieber bei dem, was uns bekannt ist. Wir wagen nur selten etwas, manche Menschen wagen überhaupt nichts und bleiben auf der sicheren Seite. Ein Mikroabenteuer erscheint Ihnen deshalb vielleicht ziemlich heraus-fordernd. Tatsächlich geht es dabei aber viel um die eigene Einstellung. Wenn Sie sich bewusst dafür entscheiden, Zeit draußen zu verbringen und etwas zu erleben, dann ist auch automatisch eine gewisse Motivation vorhanden. Es ist von großer Bedeutung, dass Sie sich zu nichts zwingen, sondern das machen, was sich für Sie persönlich richtig und gut anfühlt. Natürlich wird das Mikroabenteuer auch dann noch etwas Überwindung kosten. Dann müssen Sie sich aber einfach bewusst machen, dass Ihnen diese Unternehmung persönlich viele Vorteile bringt und es gut ist, die eigene Komfortzone zu verlassen.

Zu Ihrer Motivation könnte vielleicht auch beitragen, dass ein Mikroabenteuer nicht groß angelegt sein muss. Sie müssen nicht vollkommen durchstarten und gleich einmal im Freien schlafen. Beginnen Sie ganz klein! Am besten fangen Sie damit an, einfach kleinere Wege, die Sie normalerweise mit dem Auto fahren, zu Fuß zurückzulegen. Schon das kann ein Abenteuer werden, zumal dabei die Umgebung viel intensiver wahrgenommen werden kann. Eine solche Kleinigkeit kostet außerdem noch nicht ganz so viel Überwindung und kann ganz einfach in den Alltag integriert werden. Und wenn Sie sich dann bereit fühlen, können Sie auch größere Unternehmungen in Angriff nehmen. Aber vergleichen Sie sich nie mit anderen Menschen und lassen sich nichts einreden, sondern handeln Sie danach, was Sie für richtig halten.

Ein Problem, das viele Menschen vielleicht davon abhält, ein Mikroabenteuer zu erledigen, sind die Ausreden, die sie immer wieder finden. Sie nehmen ihre Arbeit als Vorwand oder dass sie nicht genügend Zeit haben. Aber Ausreden sind bei Mikroabenteuern völlig unangebracht. Durch die Einfachheit und den geringen Aufwand ist es möglich, sich einfach auszuprobieren. Nehmen Sie sich ganz bewusst Zeit für Ihre Unternehmung und lassen Sie die Ausreden sein.

Falls Sie bisher noch nicht die Motivation aufbringen können, nach draußen zu gehen, dann hilft Ihnen vielleicht die folgende Erkenntnis: Laut einer Studie britischer Forscher sind nämlich zwei Stunden pro Woche in der Natur ausreichend, um Angstzustände zu mindern und das Risiko von Krankheiten zu senken. In der Studie wurden 20.000 Menschen dazu aufgefordert, eine Woche lang ihre Unternehmungen aufzuschreiben. Danach stellte sich heraus, dass sich die Menschen, die mindestens zwei Stunden in der Natur verbrachten, gesundheitlich deutlich besser fühlten und zudem glücklicher waren. Wenn Sie also ein Mikroabenteuer unternehmen, bringt dies nachweislich etwas für Ihre Gesundheit und sollte schon allein dadurch die Überwindung wert sein.

# Mikroabenteuer für den Anfang

Nun ist es langsam Zeit, in die Praxis einzusteigen. In den folgenden Kapiteln werden Sie viele unterschiedliche Ideen für Mikroabenteuer finden, die sich verschiedenen Arten von Abenteuern widmen. Wenn Sie zum ersten Mal ein Mikroabenteuer unternehmen wollen, ist es ratsam, erst einmal eine ganz kleine Unternehmung zu machen. Verlassen Sie Ihr gewohntes Umfeld am Anfang nur für ein paar Stunden. Wichtig ist aber, sich nicht zu viele Gedanken zu machen und sich einfach auszuprobieren. Wenn Sie dann mit zwei oder drei

Abenteuern eingestiegen sind und sich sicher genug fühlen, können Sie sich an die Mikroabenteuer für Fortgeschrittene wenden. Im Folgenden finden Sie aber erst einmal ein paar Ideen für den Anfang, die komplett ohne Planung und jederzeit unternommen werden können. Natürlich stellen diese nur Vorschläge dar und Sie können diese Unternehmungen beliebig variieren. Selbstverständlich können Sie sich auch selbst ein Mikroabenteuer ausdenken. Je nach Region bieten sich natürlich unterschiedliche Unternehmungen mehr oder weniger an.

• Eine andere Station wählen: Wenn Sie mit der Bahn oder mit dem Bus von der Arbeit nach Hause fahren, haben Sie sicherlich eine feste Station, bei der Sie aussteigen. Auch, wenn Sie von sonstigen Unternehmungen mit den öffentlichen Verkehrsmitteln zurückkommen, werden Sie vermutlich die Station wählen, die sich am nächsten zu Ihrem Zuhause befindet. Das Abenteuer besteht deshalb darin, aus diesem gewohnten Muster auszubrechen. Wenn Sie nach Hause fahren, steigen Sie nicht an der gewohnten Haltestelle aus. Fahren Sie ein paar Stationen weiter, vielleicht sogar bis zur Endstation, oder steigen Sie bereits vier bis fünf Stationen früher aus. Den Weg bis nach Hause, der nun etwas weiter ist als normalerweise, legen Sie dann einfach zu Fuß zurück. Dabei können Sie sicherlich einige neue Orte entdecken, vielleicht sehen Sie ein Haus, das Sie zuvor noch nie gesehen haben, oder eine besonders schöne Pflanze, die Sie begeistern kann. Wenn Sie mit den öffentlichen Verkehrsmitteln jeden Tag die gleiche Strecke fahren, werden Sie mit Sicherheit nicht so viel Neues wahrnehmen können. Deshalb trauen Sie sich und verlassen Sie Ihre Komfortzone.

• Beliebigen Zug aussuchen: Auch dieses Abenteuer ist ganz einfach umzusetzen, ohne davor etwas planen zu müssen. Gehen Sie dafür zunächst an den nächstgelegenen Bahnhof in Ihrer Umgebung. Dann steigen Sie einfach in einen beliebigen Zug ein, ohne sich groß darüber Gedanken zu machen. Entweder gehen Sie an ein Gleis Ihrer Wahl und warten, bis ein Zug kommt, oder Sie warten einfach und nehmen den nächsten Zug, der in diesem Bahnhof einfährt. Aber natürlich das Bezahlen für das Ticket nicht vergessen! Dann müssen Sie eigentlich nur noch das Abenteuer genießen und Eindrücke von der Umgebung, die draußen vorbeizieht, bewusst wahrnehmen. Bleiben Sie so lange in dem Zug sitzen, wie Sie wollen. Sie können nur ein paar Stationen mit dem Zug fahren oder aber bis zur Endstation. Danach fahren Sie einfach wieder in die umgekehrte Richtung zurück nach Hause. Mit Sicherheit wird Ihnen auch dieses Abenteuer dabei helfen, viele neue Eindrücke von Ihrer Umgebung zu sammeln oder durch Orte, die Ihnen noch gar nicht bekannt sind, hindurchzufahren.

• Schönen Ort aufsuchen: Gibt es einen schönen Ort in Ihrer Umgebung, den Sie viel zu selten besuchen oder noch nie besucht haben? Vielleicht ein schönes Fleckchen an einem Fluss oder einem See? Oder eine Bank in einem schönen Park? Dann ist es jetzt an der Zeit, um diesen Ort aufzusuchen. Packen Sie sich ein Buch ein und vielleicht ein paar Snacks und gehen Sie zu Fuß an diesen schönen Platz Ihrer Wahl. Machen Sie es sich bequem, vertiefen sich in das Buch und genießen nebenbei noch die schöne Natur um sich herum. Natürlich können Sie dieses Mikroabenteuer auch variieren und eine gute Freundin oder einen Freund anrufen, um mit ihr oder ihm gemeinsam diesen Ort aufzusuchen. Sie könnten sich beispielsweise ein paar Lebensmittel und Getränke einpacken und dann ein kleines Picknick machen. Und ja, auch wenn diese Unternehmung vielleicht nicht mit viel Action verbunden ist, handelt es sich dabei um ein Abenteuer, wenn Sie dadurch Ihre

Komfortzone verlassen.

• Zeit in Hobbys investieren: Ein Abenteuer kann auch darin bestehen, einem neuen Hobby nachzugehen. Vielleicht gibt es da etwas, das Sie schon immer einmal ausprobieren wollten, sich aber nie die Zeit dafür genommen haben. Zum Beispiel könnten Sie sich an der Gartenarbeit versuchen. Das macht nicht nur Spaß, sondern ist auch noch entspannend und Sie verbringen viel Zeit im Freien. Dabei reicht es beispielsweise schon, ein paar kleine Blumen für den Balkon oder das Fensterbrett einzupflanzen. Oder ein paar Kräuter, die Sie anschließend zum Kochen verwenden können. Natürlich kann es auch jedes andere Hobby sein, solange es nur draußen in der Natur stattfinden kann.

• Münze werfen: Für dieses kleine Abenteuer brauchen Sie, wie der Titel schon sagt, nur eine Münze. Starten Sie zu Hause und lassen sich von der Münze den Weg weisen. Jedes Mal, wenn Sie an eine Kreuzung gelangen, werfen Sie die Münze hoch. Erscheint Kopf, dann gehen Sie nach links, bei Zahl gehen Sie nach rechts, also genau in die entgegengesetzte Richtung. Dieses Spiel können Sie so lange fortführen, wie Sie wollen. Natürlich sollten Sie dabei nicht vergessen, auch auf die Umgebung zu achten, durch die Sie laufen. Mit etwas Glück führt Sie die Münze an Orte, die von Ihnen noch unbesucht sind, wodurch dieser Spaziergang zu etwas ganz Besonderem wird. Auch dieses Abenteuer können Sie natürlich beliebig variieren. Beispielsweise können Sie auch einen Würfel nehmen, der Ihnen bei einer geraden Zahl den Weg nach rechts weist und andernfalls nach links.

• Barfuß laufen: Es ist genauso simpel, wie es klingt: barfuß laufen. Am besten gehen Sie dafür einfach in einen nahegelegenen Wald und ziehen einfach Ihre Schuhe aus. Den Waldboden mit den nackten Füßen wahrzunehmen, ist wirklich ein besonderes Erleb-nis. Natürlich müssen Sie dabei immer auch aufpassen, wo Sie hintreten. Im Nachhinein werden Sie sich aber bestimmt sehr befreit fühlen, denn durch das Laufen ohne Schuhe können Sie einen besonderen Kontakt zur Natur aufnehmen und diese einmal ganz anders fühlen. Wenn sich in Ihrer Nähe kein Wald befindet, können Sie natürlich auch gern einen anderen Ort wählen. Zum Beispiel bietet sich auch eine kleine Wiese an, um dort barfuß zu laufen.

# Der Klassiker: Unter freiem Himmel schlafen

## GRUNDLAGEN

Ein klassisches Mikroabenteuer, das auch Alastair Humphreys jedem empfiehlt, ist das Übernachten in der Natur unter freiem Himmel – ohne Zelt. Dabei handelt es sich um ein Abenteuer, das etwas Planung erfordert und auch mehr Aufwand bedeutet als die kleinen Abenteuer im vorherigen Kapitel. Es gibt also einiges zu beachten. Deshalb sollten Sie sich davor genau informieren und dieses Abenteuer erst unternehmen, nachdem Sie schon ein paar andere Mikroabenteuer gemacht haben. Dann können Sie aber ruhig den Versuch unternehmen, unter dem Sternenhimmel zu schlafen. Das ist nicht nur eine großartige Erfahrung, sondern auch eine Abwechslung für alle, die gern in einem Zelt draußen übernachten. Und auch, wenn es zu Beginn vielleicht etwas Überwindung kostet, ist es im Nachhinein umso schöner, davon berichten zu können.

**Informieren Sie sich genau über mögliche Schlafplätze!**

Im Übrigen nennt sich das Übernachten im Freien Biwakieren. Der Unterschied zwischen dem Zelten und dem Biwakieren besteht natürlich darin, dass man beim Zelten in einem Zelt übernachtet, beim Biwakieren hingegen unter freiem Himmel in einem Schlafsack oder einer Hängematte schläft. Das Biwakieren ist weitaus weniger problematisch als das Zelten, da es gesetzlich nicht gesondert geregelt ist. Bei der Auswahl des Schlafplatzes gibt es dennoch einiges zu beachten, das im nächsten Unterpunkt genauer erklärt wird.

Fürchten Sie sich nicht vor Geräuschen in der Nacht!
Ganz wichtig ist, dass Sie sich vor dem Übernachten im Freien nicht fürchten brauchen. Es ist nicht gefährlich, in einem Wald oder allgemein draußen zu schlafen. Insbesondere in Europa gibt es keine Tiere, die Ihnen gefährlich werden können. Dachse und Füchse beispielsweise halten in der Regel einen großen Abstand zu Menschen ein und neigen nicht zum Angriff. Einzig die Geräusche in der Nacht könnten am Anfang etwas ungewohnt sein. Aber auch davor brauchen Sie keinerlei Angst zu haben, denn auch dies ist völlig normal. Versuchen Sie stattdessen, gelassen zu bleiben und die Geräusche bewusst wahrzunehmen und zu genießen. Wenn Sie sich dabei sicherer fühlen, können Sie sich zuvor auch etwas einlesen, um mögliche Geräusche den verschiedenen Tieren zuordnen zu können.

**Beachten Sie die Temperatur und den Wetterbericht!**
Für das Übernachten im Freien spielt natürlich das Wetter wieder eine ganz wichtige Rolle, ebenso wie die richtige Jahreszeit. Grundsätzlich ist das Biwakieren eher für den Sommer geeignet, da die Temperaturen in der Nacht dann am angenehmsten sind. Am besten sind im Übrigen Temperaturen ab circa 12 Grad

Celsius nachts, ansonsten wird es leicht frisch. Daher bietet sich dieses Mikroabenteuer gut in den Monaten Mai bis September an. Bevor Sie starten, sollten Sie sich unbedingt über das Wetter informieren. Auch im Sommer kann es regnen. Ein leichter Regen ist beim Übernachten im Freien kein Problem, bei starkem Regen, Wind oder einem Gewitter sollten Sie aber auf jeden Fall lieber in Ihrem eigenen Bett zu Hause schlafen.

## GEEIGNETE SCHLAFORTE

Wie bereits angedeutet, ist die Wahl des richtigen Schlafplatzes von großer Bedeutung. Am besten sollte sich dieser Platz natürlich irgendwo draußen in der Natur befinden. Wenn Sie sich dafür noch nicht sicher genug fühlen, können Sie aber auch erst einmal eine Nacht auf Ihrem Balkon oder Ihrer Terrasse verbringen und es dadurch erst einmal ausprobieren. Wer allerdings als Schlafplatz einen Ort außerhalb des eigenen Grundstücks wählt, muss dafür ein paar Aspekte berücksichtigen.

## An bestimmten Orten ist das Übernachten verboten!

Ganz wichtig: Sie dürfen sich nicht einfach einen beliebigen Ort in der Natur aussuchen und dort schlafen. Für ein privates Grundstück gilt dafür nämlich ein Verbot, außer Sie haben eine explizite Erlaubnis. Grundsätzlich gilt in Deutschland auch die Regel, dass in Naturschutzgebieten, Landschaftsschutzgebieten sowie Nationalparks das Übernachten nicht gestattet ist. Bis auf diese Ausnahmen ist das Übernachten im Freien eigentlich erlaubt. Wichtig ist aber dennoch, dass Sie sich vorher ausreichend informieren. Im Internet finden Sie die Gesetze der unterschiedlichen Bundesländer.

Wenn Sie bereits wissen, wo Ihr Schlafort sein soll, können Sie auch beispielsweise bei der zuständigen Jagdbehörde nachfragen, ob das Übernachten dort gestattet ist. Auf jeden Fall müssen Sie aber zuerst abklären, ob Sie an den vom Ihnen gewählten Platz schlafen dürfen oder nicht, und sich dann auch an die dort geltenden Regeln halten. Wichtig ist auch, dass ein offenes Feuer in der Natur in der Regel verboten ist oder nur an speziell ausgewiesenen Plätzen gemacht werden darf. Vor allem im Wald kann es sehr gefährlich sein, ein Feuer zu machen, und außerdem drohen

Ihnen bei fehlender Erlaubnis hohe Bußgelder.

Ihren Schlafplatz sollten Sie ausreichend überprüfen! Bevor Sie Ihr Lager für die Nacht aufschlagen, sollten Sie nachschauen, ob es dort Dornen, Steine oder spitze Äste gibt, die zur Gefahr werden könnten. Ansonsten ist es besser, Sie wählen Ihren Schlafplatz einige Meter weiter. Wichtig ist auch, dass der Ort flach und eben ist. An einem Abhang zu übernachten, kann ebenfalls zu einer Gefahr werden, da Sie leicht abrutschen könnten. Ihr Schlafplatz sollte gut überschaubar und zumindest ein wenig windgeschützt sein, zum Beispiel durch ein paar Bäume. Vergessen Sie außerdem nicht, dass in der Nähe eines stehenden Gewässers viele Mücken lauern. Es ist ratsam, Ihr Lager in einiger Entfernung von beispielsweise Seen aufzuschlagen, um Mückenstichen zu entgehen.

# AUSRÜSTUNG UND VERPFLE-GUNG

**Nutzen Sie bei leichtem Regen ein Tarp oder eine Plane!**

Eigentlich gilt für das Biwakieren, dass kein Zelt verwendet werden sollte. Bei leichtem Regen dürften Sie aber natürlich durchaus eine kleine Plane oder ein Tarp verwenden, um etwas Schutz vor dem Regen zu haben. Ein Tarp ist wie eine Plane, die Sie je nach Bedarf unterschiedlich aufspannen können. Es wird mit Heringen befestigt und ist dadurch sehr einfach anzubringen. Sie können sich selbst ein Tarp basteln, indem Sie einfach eine große Plane etwas zuschneiden, damit Sie ausreichend Platz darunter haben. Das kostet Sie nur circa 20 bis 30 Euro, während ein richtiges Tarp bis zu 300 Euro kosten kann.

**Nehmen Sie als Ausrüstung nur das Nötigste mit!**

Für die Ausrüstung gilt bei diesem Mikroabenteuer das Prinzip: Weniger ist mehr! Nehmen Sie nur Kleidungsstücke mit, die Sie unbedingt brauchen, und lassen Sie den Rest zu Hause. Sie müssen immer bedenken, dass Sie den Rucksack mit Ihren Sachen auch erst einmal zu Ihrem Schlafplatz und auch wieder zurückbringen müssen. Mitbringen sollten Sie aber auf jeden Fall eine Hängematte oder eine Isomatte, abhängig davon, wo Sie lieber schlafen möchten, einen Schlafsack, damit Sie in der Nacht nicht frieren, und natürlich das Tarp, falls es in der Nacht regnen sollte. Ansonsten sollten Sie dem Wetter angemessene Kleidung mitnehmen und auf jeden Fall wärmere Klamotten, damit Sie in der Nacht nicht frieren. Eine Fleece-Jacke beispielsweise ist auf jeden Fall sinnvoll, genauso wie eine Kopfbedeckung. Persönliche Gegenstände können auch notwendig sein, beispielsweise ein Fernglas oder ein Schnitzmesser, falls Sie sich gern beschäftigen und einen Stock schnitzen möchten. Eine Taschenlampe sollte in Ihrer Ausrüstung auch nicht fehlen, um sich auch im Dunkeln notfalls zurechtfinden zu können. Ganz besonders wichtig ist es auch, ein Erste-Hilfe-Set mitzunehmen. Es geschieht schnell, dass man sich an einem kleinen Ast verletzt und dann ein kleines Pflaster benötigt. Und zuletzt sollten Sie natürlich Wasser und ein paar Lebensmittel mitbringen.

## Vergessen Sie nicht, genügend Wasser und Lebensmittel mitzubringen!

Wenn Sie außerhalb von zu Hause übernachten, sollten Sie unbedingt genug Verpflegung einpacken. Von Bedeutung ist dabei, dass es sich bei den Lebensmitteln um solche handelt, die haltbar sind. Darunter zählen beispielsweise Müsliriegel oder Nüsse, die Ihnen Energie liefern. Falls es an Ihrem Schlafplatz erlaubt ist, können Sie auch einen kleinen Gaskocher mitnehmen, womit Sie dann Nudeln kochen können. Gewisse Lebensmittel sollten aber zu Hause bleiben.

Schokolade beispielsweise schmilzt bei hohen Temperaturen schnell. Eine gute Idee ist auch, sich zu Hause bereits etwas zum Essen vorzubereiten, zum Beispiel ein paar Sandwiches. Dann können Sie Ihren Gaskocher zu Hause lassen und müssen mit der Vorbereitung des Essens während Ihres Abenteuers keine Zeit mehr verbringen. Zuletzt sollten Sie natürlich auch genügend Wasser für die Übernachtung einpacken. Das Wasser benötigen Sie nicht nur zum Trinken, sondern auch zum Waschen. Also packen Sie ruhig mehrere Flaschen ein.

# Im und auf dem Wasser

## SCHWIMMEN IM REGEN

Wenn Sie nun ein paar von den vorherigen Ideen in die Tat umgesetzt haben und sich nun mehr zutrauen, sind Sie hier genau richtig. Denn in den folgenden Kapiteln erhalten Sie zahlreiche Vorschläge und Tipps für Mikroabenteuer, die mehrere Stunden dauern und teilweise auch mehr Aufwand erfordern. Wir beginnen mit Abenteuern, die im oder auf dem Wasser stattfinden. Wenn Sie also eine Wasserratte sind oder zu einer werden möchten, sind die folgenden Vorschläge ideal für Sie. Normalerweise gehen Sie wahrscheinlich nur bei gutem Wetter schwimmen, wenn die Sonne scheint und die

Temperaturen möglichst hoch sind. Der Nachteil daran ist natürlich, dass es alle anderen Menschen genauso machen. Dann sind die Badeseen oder Schwimmbäder oftmals ziemlich überfüllt. Warum also nicht einfach das genaue Gegenteil machen? Gehen Sie schwimmen, wenn es regnet.

Vorgehen: Wenn der Wetterbericht leichten Regen ansagt, Sie aber baden wollen, dann zögern Sie dieses Mal nicht. Fahren Sie dennoch an einen See oder einen Fluss Ihrer Wahl. Wenn die anderen Menschen das Wasser wegen des Regens verlassen, dann gehen Sie erst in das Wasser und genießen es, dass Sie vielleicht den ganzen See für sich haben. Dann schwimmen Sie einfach los. Genießen Sie das Wasser um sich herum und die von oben kommenden Regentropfen. Das wird sich garantiert wie ein richtiges Abenteuer anfühlen, weil Sie damit etwas machen, das Sie sonst nicht wagen würden und Ihrem gewohnten Verhalten widerspricht. Und danach fühlen Sie sich mit Sicherheit wie neu geboren!

Zu beachten: Nur Regen ist völlig in Ordnung. Wenn Sie aber sehen, dass sich der Himmel verdunkelt und ein Gewitter aufzieht, müssen Sie das Wasser sofort verlassen! Sich bei einem Gewitter im Wasser zu befinden, kann sehr gefährlich werden.

## STAND-UP-PADDLING

Die Sportart Stand-Up-Paddling hat sich in den vergangenen Jahren zu einem Trend entwickelt. Dabei handelt es sich um einen Wassersport, bei dem Sie auf einem schwimmfähigen Board stehen und sich mithilfe eines Paddels vorwärtsbewegen.

Vorgehen: Wählen Sie einen See oder einen Fluss in Ihrer Nähe aus. Wenn Sie sich ein Board ausleihen müssen, dann sollten Sie sich natürlich davor informieren, ob der Verleih an dem ausgewählten Ort angeboten wird. Ansonsten recherchieren Sie vorher, wo Sie ein Board ausleihen können. Dabei bietet es sich an, bei Sportgeschäften in Ihrer Nähe anzufragen. An vielen Gewässern wird der Verleih aber mittlerweile angeboten, beispielsweise am Starnberger See. Natürlich gibt es je nach See Unterschiede, das Ausleihen pro Stunde kostet aber normalerweise ungefähr 15 Euro. Wenn Sie Ihr Board haben und das Stand-Up-Paddling zum ersten Mal auspro-bieren möchten, ist es ratsam, zuvor einen Kurs zu besuchen, um die Basics zu erlernen. Wenn Sie bereits etwas Erfahrung gesammelt haben, können Sie natürlich auch gleich starten. Sie werden auf jeden Fall schnell merken, dass diese Sportart nicht nur unglaublich großen Spaß macht, sondern dass Sie dabei Ihren Gleichgewichtssinn und Ihre Ausdauer trainieren können. Wenn es nicht gleich von Anfang an klappt, dann ärgern Sie sich nicht und versuchen es einfach nochmal. Wichtig ist auch, dass Sie sich etwas vom Board abstoßen, wenn Sie merken, dass Sie fallen. Dadurch verhindern Sie Verletzungen. Und keine Sorge: Im Laufe der Zeit wird es leichter, das Gleichgewicht zu halten, also nicht aufgeben!

Zu beachten: Es gibt unterschiedliche Boards, die sich für das Stand-Up-Paddling eignen. Neben den Hardboards gibt es auch aufblasbare Boards, die natürlich viel besser transportiert werden können. Außerdem gibt es auch Boards für mehrere Personen. Allgemein ist ein Board zwischen 1,80 und vier Meter lang und kostet mehrere 100 Euro. Wenn Sie die Sportart also erst einmal nur ausprobieren möchten, ist es nicht sinnvoll, sich gleich ein eigenes Board zuzulegen, sondern erst einmal eines auszuleihen. Trotzdem sollten Sie sich auch dann gut beraten lassen, da es je nach Einsatzgebiet, Erfahrung und Gewicht Unterschiede zwischen den Boards gibt.

# KANUFAHREN

Falls Sie ein Mikroabenteuer auf dem Wasser suchen, mit dem Sie Ihrem Körper, vor allem Ihren Armen, etwas Gutes tun, dann sollten Sie das Kanufahren unbedingt ausprobieren. Dabei können Sie die Landschaft vom Wasser aus betrachten und damit alles einmal mit anderen Augen sehen. Außerdem wirkt das Paddeln sehr beruhigend und entspannend. Kanufahren ist ein Abenteuer, aber Sie können gleichzeitig auch die Seele baumeln lassen.

Vorgehen: Zuerst sollten Sie sich Gedanken darüber machen, ob Sie nur ein paar Stunden mit dem Kanu fahren möchten oder eine ganze Tour unternehmen wollen, die sich über mehrere Tage erstreckt. Wenn Sie diese Entscheidung getroffen haben, können Sie sich darüber informieren, wo Sie das Kanu ausleihen möchten. Dafür bietet sich ein Kanuverein an. Wenn Sie das erste Mal Kanufahren, möchten Sie vielleicht auch einen Einsteigerkurs machen, was sehr empfehlenswert ist. Auch das ist im Regelfall bei einem Kanuverein in Ihrer Nähe möglich. Fragen Sie auch nach, ob Sie die verschiedenen Kanuarten ausprobieren können. Es gib nämlich drei verschiedene Arten, wobei die meisten

Anfänger mit dem klassischen Kanu, dem sogenannten Kanadier, fahren. Der Vorteil des Kanadiers ist, dass Sie nicht leicht umkippen können. Außerdem verfügt der Kanadier über viel Stauraum und ist somit auch für längere Strecken geeignet. Weil ein Kanu allgemein sehr teuer ist, sollten Sie sich aber auf jeden Fall eines ausleihen.

Wenn Sie diese Schritte hinter sich haben, kann das Abenteuer auch schon beginnen. Falls Sie es besonders actionreich lieben, dann können Sie in einem kleinen Fluss fahren, wo Sie höhere Geschwindigkeiten erreichen können. Ansonsten reden Sie am besten mit Ihrem Kanuverleih, wo Sie am besten starten können.

Zu beachten: Wer Kanu fahren möchte, muss unbedingt schwimmen können. In einer Notsituation müssen Sie auf jeden Fall selbstständig an das Ufer kommen können. Generell ist es wichtig, in schwierigen Situationen die Ruhe zu bewahren und einfach weiter zu paddeln. Viele Anfänger machen außerdem den Fehler, sich zu überanstrengen. Sie sollten daher beachten, dass Sie nicht zu viel paddeln und sich auch immer wieder einmal treiben lassen. Ein weiterer wichtiger Hinweis betrifft die Kleidung. Weil Flüsse oftmals sehr kalt sind, müssen Sie sich unbedingt gut schützen. Sie sollten daher auf jeden Fall Funktionskleidung, eine Schwimmweste und Neoprensocken tragen sowie eine Spritzdecke verwenden. Genaueres erfahren Sie aber mit Sicherheit auch, wenn Sie das Kanu ausleihen.

# Zu Fuß unterwegs

## EIN KREIS UM DAS EIGENE ZUHAUSE

Wenn Sie gern zu Fuß unterwegs sind, aber nicht wissen, wie Sie dabei ein Abenteuer erleben können, dann können Sie sich nun einige Ideen holen. Wie immer gilt dabei aber natürlich, dass Sie diese beliebig erweitern oder abändern können, sodass Sie sich wohlfühlen.

Um aus der Komfortzone auszubrechen, ist es von großer Bedeutung, nicht die gewohnten Wege zu gehen, sondern neue Orte kennenzulernen, indem Sie einen anderen Weg gehen. Dies können Sie beispielsweise erreichen, indem Sie in einen mehr oder weniger großen Kreis um Ihr eigenes Zuhause gehen. Also einen Weg, den Sie ansonsten so nicht wählen würden.

Vorgehen: Besorgen Sie sich zunächst eine Karte von Ihrem Zuhause oder von der Region, in der Sie wohnen. Natürlich können Sie dafür auch einfach Google Maps nutzen und sich Ihre Umgebung in Form einer Karte ausdrucken. Dann nehmen Sie eine Tasse oder ein Glas zur Hand, setzen die Mitte des Gegenstandes auf Ihr Haus oder Ihre Wohnung und ziehen dann einen Kreis um die Tasse, beziehungsweise das Glas, herum. Der Kreis, der dabei entsteht, gibt Ihnen nun Ihre Route vor. Dann gehen Sie los und starten an einem beliebigen Punkt des Kreises. Folgen Sie dem Weg, bis Sie einmal im Kreis gelaufen sind. Das hört sich vielleicht zunächst etwas langweilig an, ist aber ein wirkliches Abenteuer. Und das Beste ist, dass Sie sich in der Umgebung auskennen, aber dennoch Neues wahrnehmen können und alles nochmal genauer erkunden können. Um sich an das Abenteuer zu erinnern, machen Sie ein paar Fotos von Pflanzen, Häusern und Orten, die Ihnen gefallen.

Variation: Wenn Sie das Abenteuer gern etwas anspruchsvoller hätten oder Sie lieber näher am eigenen Haus bleiben möchten, dann können Sie gern ein größeres oder ein kleineres Glas wählen. Natürlich könnten Sie auch variieren, indem Sie nicht Ihr eigenes Zuhause als Mittelpunkt wählen, sondern einen anderen Ort Ihrer Wahl. Dann können Sie Ihre Komfortzone noch mehr verlassen und viele neue Eindrücke sammeln.

## HOHE PUNKTE IN DER UMGEBUNG ERKUNDEN

Eine weitere großartige Möglichkeit, um die eigene Umgebung aus einem anderen Blickwinkel zu betrachten, ist ein Mikroabenteuer, bei dem Sie die am höchsten gelegenen Punkte in Ihrer Nähe besuchen.

Vorgehen: Zuerst einmal sollten Sie sich die Frage stellen, wo der höchste Punkt in Ihrer Umgebung liegt. Wenn Sie dies geklärt haben, dann können Sie auch schon anfangen. Machen Sie sich auf den Weg dorthin. Handelt es sich bei dem höchsten Punkt um einen Berg, dann wandern Sie hinauf und genießen Sie dann den Ausblick über Ihren Heimatort. Besonders schön ist dieses Mikroabenteuer natürlich, wenn Sie kurz vor dem Sonnenaufgang zu Hause losgehen und dann beobachten können, wie die Sonne aufgeht, wenn Sie am höchsten Punkt angekommen sind.

Variation: Von dem höchsten Punkt in Ihrer Umgebung können Sie auch weiter zu anderen hohen Punkten wandern. Vielleicht erblicken Sie von dem höchsten Ort in Ihrer Umgebung wiederum einen anderen hohen Ort in der Nähe, den Sie gleich im Anschluss aufsuchen können. Erklimmen Sie die Nachbarberge und Nachbarhügel, um die Umgebung aus unterschiedlichen Anhöhen wahrzunehmen. Wenn Sie mit diesem Abenteuer lieber langsam anfangen möchten und sich dann steigern wollen, können Sie zuerst den höchsten Punkt in Ihrer Wohnung besuchen, dann den höchsten Punkt in der engeren Umgebung, dann in Ihrer gesamten Region.

# WANDERUNG MIT EINEM BESTIMMTEN THEMA

Gibt es in Ihrer Umgebung mehrere Schlösser, Burgen, Seen oder Wälder? Oder vielleicht ist Ihr Heimatort bekannt für seine alten Ruinen? Dann bietet sich eine Wanderung an, die Sie von einem Ort zu einem anderen bringt, der in denselben thematischen Rahmen passt, also zum Beispiel von einem See zum nächsten und von dort wieder zu einem neuen See.

Vorgehen: Bevor Sie die thematische Wanderung starten, sollten Sie sich Gedanken darüber machen, welche Orte Sie genau aufsuchen wollen. Wenn Sie beispielsweise alle Burgen in der Umgebung besuchen möchten, dann nehmen Sie sich einen Zettel und einen Stift und schreiben sich alle Burgen auf, die es in Ihrer Nähe gibt.

Wenn Sie sich nicht sicher sind, dann schauen Sie im Internet nach, ob Sie einen besonderen Ort vergessen haben. Besuchen Sie die Orte auf Ihrer Liste dann der Reihe nach. Den Weg zwischen den verschiedenen Orten legen Sie zu Fuß zurück. Achten Sie an den Plätzen, die Sie besuchen, auch auf mögliche Informationstafeln. Vielleicht können Sie auf Ihrer Wanderung sogar noch etwas Neues über Ihre Heimat erfahren.

Variation: Wenn Sie bereits eine thematische Wanderung gemacht haben, wählen Sie beim nächsten Mal einfach einen anderen thematischen Schwerpunkt. Bei den Themen können Sie sich kreativ austoben. Und wenn Ihre Liste zu lang ist für ein eintägiges Mikroabenteuer, dann bauen Sie doch noch eine Übernachtung in der Natur ein.

# Mit dem Fahrrad unterwegs

## OHNE PLAN LOSFAHREN

Auch mit dem Fahrrad lassen sich verschiedene Mikroabenteuer erleben, die Sie ganz unterschiedlich gestalten können. Dabei ist es egal, ob Sie mit Ihrem normalen Fahrrad fahren, ein E-Bike ausleihen oder lieber das Mountainbike wählen. Von Bedeutung ist nur, dass Sie nicht die gleiche Route fahren wie immer, sondern sich wirklich auf ein Abenteuer einlassen. Das können Sie beispielsweise, indem Sie einfach losfahren, ohne sich davor einen großen Plan zu machen.

Vorgehen: Zunächst einmal benötigen Sie für dieses Mikroabenteuer natürlich lediglich ein Fahrrad und einen kleinen Rucksack mit Proviant. Wenn Sie mit dem

Fahrrad unterwegs sind, ist es immer sinnvoll, eine kleine Tasche mit ein paar Werkzeugen zum Reparieren des Rads im Notfall dabei haben. Bei der Wahl des Fahrrads haben Sie die freie Auswahl. Wenn Sie beispielsweise gern mit dem E-Bike fahren möchten, selbst aber keines besitzen, informieren Sie sich in einem Fahrradgeschäft in Ihrer Nähe über die Möglichkeit, sich ein E-Bike auszuleihen. Ansonsten gilt bei diesem Mikroabenteuer: Machen Sie sich keinen Plan. Fahren Sie einfach von zu Hause los und wählen die Strecke, die Ihnen am meisten zusagt, aber nie den gewohnten Weg. Sie können einfach gemütlich fahren und sich treiben lassen. Wenn Sie das Gefühl haben, Sie sind weit genug gefahren, dann fahren Sie den gleichen Weg nach Hause.

Variation: Überlegen Sie sich bei dieser Variante des Mikroabenteuers im Voraus nur, wie lange Sie unterwegs sein möchten. Das kann nur eine halbe Stunde, eine Stunde oder auch mehrere Stunden sein. Dann fahren Sie los, ohne sich Gedanken zu machen, wohin Sie fahren. Wenn Sie die Hälfte der zuvor überlegten Zeit zurückgelegt haben, machen Sie sich langsam wieder auf den Rückweg.

# RADTOUR MIT ÜBERNACHTUNG IM FREIEN

Eine gute Möglichkeit, ein Mikroabenteuer zu erleben, wäre beispielsweise auch eine Kombination aus Fahrradfahren und einer Übernachtung unter dem Sternenhimmel. Dabei können Sie nach einem anstrengenden Tag auf dem Rad in der Natur entspannen.

Vorgehen: Bevor Sie dieses Mikroabenteuer unternehmen, informieren Sie sich am besten in dem Kapitel zu Übernachtungen im Freien, was es dabei zu beachten gibt. Anschließend sollten Sie sich am besten überlegen, welche Strecke Sie fahren und wo Sie dann übernachten möchten. Dabei ist es wieder besonders wichtig, dass Sie sich wohlfühlen. Planen Sie eine Strecke, die Sie sich auch zutrauen, und überfordern Sie sich nicht.

Packen Sie unbedingt genügend Wasser und Verpflegung für die Fahrradtour ein, aber auch die Ausrüstung, die Sie für Ihre Übernachtung brauchen. Zumindest einen Schlafsack, eine Isomatte oder eine Hängematte sollten Sie auf jeden Fall einpacken. Und dann kann das Abenteuer auch schon losgehen. Starten Sie Ihre Fahrradtour und genießen Sie die Übernachtung in der Natur.

Variation: Wenn Ihnen eine festgelegte Strecke zu langweilig ist, könnten Sie wie in dem zuvor beschriebenen Mikroabenteuer einfach ohne Plan losfahren. Sie sollten aber dennoch beachten, dass der Schlafplatz, den Sie sich aussuchen, auch als Ort zum Übernachten erlaubt ist. Außerdem könnten Sie statt einer Nacht zwei Nächte im Freien verbringen. Dann müssen Sie aber unbedingt darauf achten, genügend Nahrung, Wasser und ausreichend Wechselkleidung für drei Tage mitzunehmen.

## FESTE KILOMETERZAHL FAHREN

Genau wie bei dem ersten Mikroabenteuer mit dem Fahrrad wäre es auch hierbei gut, sich einfach wieder treiben lassen und zuvor keine feste Route heraussuchen. Natürlich erfordert dies zu Beginn etwas Überwindung und ist vielleicht nicht ganz so einfach. Wenn Sie es aber schaffen, einfach spontan zu sein, dann werden Sie ein richtiges kleines Abenteuer erleben.

Vorgehen: Überlegen Sie sich, bevor Sie losfahren, eine feste Kilometerzahl. Diese Zahl sollte höher sein, wenn Sie oft Fahrradtouren unternehmen, kann aber auch nur einige wenige Kilometer betragen, wenn Sie eher selten mit dem Fahrrad unterwegs sind. Dann fahren Sie genau die festgelegte Anzahl an Kilometern in eine Richtung. Die einzige Regel dabei ist, dass Sie einen Weg nehmen, der Ihnen noch nicht bekannt ist. Wenn Sie die festgelegte Anzahl an Kilometern erreicht haben, dann nehmen Sie entweder den gleichen Weg zurück oder fahren einen Umweg, um noch mehr Neues zu entdecken.

Variation: Wenn Sie noch nicht so erfahren mit Fahrradtouren sind, dann ist es auch völlig in Ordnung, wenn Sie sich eine Kilometerzahl überlegen und sich dann eine feste Route heraussuchen. Diese kann beispielsweise an einem Fluss entlangführen oder zu einem Nachbardorf. Versuchen Sie aber trotzdem, aus Ihrem gewohnten Muster auszubrechen.

# Ruhigere Abenteuer

## ENTSPANNEN IN DER HÄNGEMATTE

Wenn Sie denken, dass ein Abenteuer immer mit besonders viel Adrenalin verbunden sein muss und man sich dabei viel bewegen muss, dann liegen Sie falsch. Auch, wenn Sie sich nur an einem schönen Ort in der Natur in die Hängematte legen, kann dies zu einem kleinen Abenteuer werden.

Vorgehen: Schnappen Sie sich eine Hängematte und gehen Sie dann an einen Ort Ihrer Wahl. Für dieses Abenteuer bietet sich beispielsweise ein Wald an oder ein See, wo Sie die Hängematte gut zwischen ein paar Bäumen aufspannen können. Der Vorteil an diesem Abenteuer ist, dass es keine Planung erfordert und sehr einfach umzusetzen ist. Innerhalb von ein paar Minuten ist die Hängematte aufgebaut und dann geht das Mikroabenteuer auch schon so richtig los. Blicken Sie einfach in den Himmel, beobachten Sie die vorbeiziehenden Wolken und lauschen Sie den Geräuschen um sich herum. Dabei werden Sie mit Sicherheit in eine andere Welt eintauchen, die Sie so im Alltag nicht wahrnehmen können. Schaukeln Sie in Ihrer Hängematte oder versuchen Sie, ein bisschen zu schlafen. Wenn Sie das Gefühl haben, nun völlig entspannt zu sein, dann bauen Sie Ihre Hängematte wieder ab und gehen zurück nach Hause.

## YOGA IM FREIEN

Ein weiteres entspanntes Abenteuer bietet sich auch an, wenn Sie gern Yoga üben oder es einfach einmal ausprobieren möchten. In den vergangenen Jahren hat sich Yoga immer mehr zu einem Trend entwickelt und ist bei Menschen jeden Alters immer beliebter geworden. Normalerweise macht man Yoga in einer Yogaschule oder zu Hause. Warum aber nicht einfach Yoga in der Natur üben?

Vorgehen: Wenn Sie wollen, nehmen Sie sich eine Yogamatte und suchen sich dann einen ungestörten Platz in der Natur. Vielleicht an einem kleinen See, einem Fluss oder auf einer Wiese. Auch der eigene Garten ist völlig ausreichend. Wenn Sie bereits Yoga gemacht haben, dann führen Sie einfach die Übungen aus, die Ihnen in den Sinn kommen. Ansonsten ist es sinnvoll, sich vorher im Internet ein wenig über einfache Übungen zu informieren. Dann genießen Sie einfach die Bewegungen an der frischen Luft. Gerade nach einem anstrengenden Tag ist das die ideale Möglichkeit, um etwas zu erleben und dennoch dabei abzuschalten.

# Besonders aufregende Abenteuer

## KLETTERPARK BESUCHEN

Wenn Sie zu der Sorte Mensch gehören, denen es nie zu viel Adrenalin und zu viel Action sein kann, dann sollten Sie die folgenden Mikroabenteuer unbedingt ausprobieren. Sie könnten zum Beispiel einen Kletterpark oder einen Hochseilgarten besuchen und sich dort in einige Meter Höhe begeben.

Vorgehen: Informieren Sie sich zunächst im Internet, welche Kletteranlagen es in Ihrer näheren Umgebung gibt. In ganz Deutschland gibt es viele verschiedene Anlagen, weshalb es sicherlich auch in Ihrer Nähe die Möglichkeit gibt, das Klettern auszuprobieren. Es gibt beispielsweise frei angelegte Parks, wo Sie sich zwischen Holzpfosten und Plattformen durchkämpfen müssen, aber auch Naturhochseilgärten.

Diese sind direkt in einem Wald, weshalb Sie sich hier von Baum zu Baum hangeln müssen, wodurch Sie nochmal ein etwas anderes Naturerlebnis haben werden. Übrigens ist dieses Mikroabenteuer besonders vielseitig und gut für den Körper, der auf unterschiedliche Weise gefordert wird. Wenn Sie sich dann für eine Anlage entschieden haben und sich auch über die Preise und Öffnungszeiten informiert haben, besuchen Sie den Kletterpark.

Bei den meisten Kletteranlagen gibt es verschiedene Schwierigkeitsgrade und eigene Parcours für Kinder. Wenn Sie sich also zu Beginn noch nicht so viel trauen, fangen Sie mit den einfacheren Routen an und arbeiten sich langsam hoch. Die schwierigeren Parcours erfordern oftmals eine extra Portion Mut, zumal Sie sich dabei in großer Höhe durch wackelige Hindernisse hindurcharbeiten müssen.

# HÖHLEN ERKUNDEN

Wer es gern noch eine Stufe abenteuerlicher möchte, sollte unbedingt einmal eine Höhle erkunden, beziehungsweise befahren, wie es in der Fachsprache lautet. Dabei sind Sie von zahlreichen Stalagmiten und Stalaktiten umgeben und erleben durch die Stille und die Dunkelheit in der Höhle ein spezielles Mikroabenteuer, das Sie so schnell nicht vergessen werden.

Vorgehen: Auch in diesem Fall ist es ratsam, sich im Voraus zu informieren, welche Höhlen Sie in Ihrer Heimatregion besuchen können. Normalerweise ist dies nur in Begleitung eines Höhlenführers möglich, weshalb die Tour oftmals im Voraus gebucht werden muss. Vor Ort werden Sie dann mit einem Seil und einem Klettergurt ausgestattet sowie einem Helm und einer Stirnlampe. In manchen Höhlen sind spezielle wasserabweisende Anzüge notwendig. Auch darüber sollten Sie vorher am besten mit Ihrem Höhlenführer reden. Wenn Sie dann vollständig ausgerüstet sind, werden Sie in die Höhle klettern. Dabei werden Sie sich teilweise abseilen müssen, teilweise rutschen und an einigen Stellen auch kriechen müssen. Dadurch, dass es in den Höhlen sehr dunkel und eng ist, wird diese

Unternehmung zu einem großen Abenteuer. Nebenbei erfahren Sie aber auch durch den Höhlenführer einiges über die Entstehung der Höhle.

# Weitere Ideen für Mikroabenteuer

## TIERISCHES ABENTEUER

Wenn bei den bisherigen Vorschlägen noch nicht das Passende für Sie dabei war, dann gibt es jetzt noch ein paar weitere Inspirationen. Auch für diese Abenteuer brauchen Sie kaum etwas vorzubereiten und können in den meisten Fällen gleich damit anfangen.

Sie sind sehr tierlieb und verbringen gern Zeit mit Tieren? Warum dann nicht ein Mikroabenteuer mit einem oder mehreren Tieren erleben? Wie wäre es zum Beispiel, wenn Sie mit einem Hund aus dem Tierheim spazieren gehen? Sie tun dabei etwas Gutes für das Tier und können eine Verbindung zu dem Tier sowie

zur Natur aufbauen. Wenn Sie lieber wilde Tiere mögen, dann könnten Sie auch einen Wildpark besuchen
und dabei etwas über die Gewohnheiten der Tiere lernen.

Vorgehen: Informieren Sie sich, welche Tierheime es
bei Ihnen in der Umgebung gibt und ob es möglich ist,
mit den Hunden des Heims ein wenig spazieren zu gehen. Vereinbaren Sie eine Zeit, zu der Sie den Hund
abholen möchten. Wenn Sie beim Tierheim angekommen sind, lassen Sie sich vollkommen auf dieses Abenteuer ein. Vielleicht können Sie von den Menschen, die
in dem Tierheim arbeiten, noch einiges erfahren, was
Sie zuvor noch nicht wussten. Wenn Sie losgehen, gehen Sie einen schönen Weg Ihrer Wahl oder lassen Sie
sich völlig auf den Hund ein und lassen sich von ihm
führen. Wenn Ihnen der Spazier-gang gefallen hat,
können Sie immer wiederkommen und mit einem
Hund aus dem Tier-heim spazieren gehen. Falls Sie
eher ein Fan von wilden Tieren wie Wölfen sind, dann
machen Sie sich auf die Suche nach einem Wildpark in
Ihrer Nähe. Der Eintritt kostet meist nur circa zehn
Euro, wobei Ihnen aber einiges geboten wird. Sie können manche Tiere wie Rehe oder Damhirsche sogar
hautnah erleben, denn oftmals dürfen sich diese

innerhalb des Parks frei bewegen.

## VÖGEL BEOBACHTEN

Sie interessieren sich für die Vögel, die täglich Ihren Garten besuchen oder die es in Ihrer Umgebung gibt? Sie kennen sich aber nicht besonders gut mit den verschiedenen Vogel-arten aus? Dann wird es Zeit, dass sich das ändert und Sie die Vögel um sich herum näher kennenlernen.

Vorgehen: Nehmen Sie sich ein Buch zur Hand, in dem die wichtigsten Vogelarten sind. Wenn Sie so ein Buch nicht besitzen, dann können Sie sich auch auf der Internetseite des Naturschutzbundes viele Informationen über die Vögel in Deutschland holen. Setzen Sie sich dann in den Garten, auf Ihre Terrasse oder Ihren Balkon und beobachten Sie, welche Vögel vorbeiziehen und welche Sie wiedererkennen. Wenn Sie einen Vogel nicht erkennen, schlagen Sie nach, um welche Art es sich handeln könnte. Wenn Sie etwas Übung haben, können Sie auch eine Art Bingo mit Vogelarten spielen. Dazu nehmen Sie sich am besten einen Zettel und einen Stift zur Hand und schreiben zehn verschiedene Arten Ihrer Wahl auf. Jedes Mal, wenn ein Vogel vorbeifliegt, der auf Ihrem Zettel steht, streichen Sie diesen durch. Machen Sie dieses Spiel so lange, bis Sie alle Vögel auf Ihrem Papier mindestens einmal gesehen haben.

## KUNST IM WALD

Sie interessieren sich für Kunst, sind aber selbst nicht begabt, was das Zeichnen angeht? Dann ist dieses Mikroabenteuer die perfekte Chance, Ihre künstlerische Seite auszuleben, ohne dafür ein großes Talent zu benötigen.

Vorgehen: Gehen Sie in einen nahegelegenen Wald und nehmen Sie einen kleinen Korb mit. Sammeln Sie dann alle möglichen Blätter, Blumen und was Sie sonst noch so fin-den. Wenn Sie dieses Abenteuer im Herbst unternehmen, finden Sie vielleicht ein paar Buch-eckern oder Kastanien. Haben Sie das Gefühl, das Sie genug für Ihr Kunstwerk gesammelt haben, dann beginnen Sie, sich ein Konzept zu überlegen. Vielleicht möchten Sie aus den Blättern eine Schnecke legen und dazwischen ein paar Kastanien platzieren. Toben Sie sich einfach aus, es existieren keine Regeln für Ihr persönliches Kunstwerk. Übrigens gibt es dafür sogar einen Begriff: Land-Art bezeichnet nämlich die Herstellung von einem Kunstwerk in der Natur aus natürlichen Materialien. Das Beste daran ist, dass Sie entspannen und gleichzeitig der Natur etwas näher sein können.

# FOTOGRAFIEREN

Das eigene Smartphone trägt jeder ständig bei sich. Meistens nutzen wir es aber nur da-zu, um unseren Freunden Nachrichten zu schreiben, Serien zu schauen oder Musik zu hören. Warum aber das eigene Handy nicht sinnvoll nutzen?

Vorgehen: Machen Sie eine kleine Wanderung, gehen Sie in den Wald oder zu Ihrem Lieblingsplatz in Ihrem Heimatort. Dann nehmen Sie Ihr Smartphone zur Hand und fotografieren Pflanzen, Tiere, Landschaften und alles, was Ihnen sonst noch gefällt. Sie können dabei gut variieren zwischen Nahaufnahmen oder Panoramaaufnahmen, bei denen die Landschaft in Ihrer vollen Pracht zur Geltung kommt. Daheim können Sie die Bilder dann ausdrucken, auf ein Stück buntes Papier kleben und aufhängen. Somit haben Sie eine schöne Erinnerung an Ihr Abenteuer und die Natur auch in

Ihrer Wohnung immer im Blick. Wenn Sie sich besonders für die Fotografie interessieren, machen Sie im Anschluss noch einen kleinen Kurs. Vielleicht haben Sie eine Kamera, haben diese aber bisher nicht genutzt, dann machen Sie einen Kurs und wenden das Gelernte auf Ihrem nächsten Abenteuer an.

# Kleine Abenteuer für die kalte Jahreszeit

Übrigens müssen Sie auch die kalten Monate im Herbst und Winter nicht daran hindern, kleine Abenteuer zu erleben. Viele der vorher erklärten Unternehmungen können auch im Herbst stattfinden, wie zum Beispiel die Wanderungen oder die Abenteuer mit dem Fahrrad. Ansonsten finden Sie in diesem Kapitel noch ein paar weitere Vorschläge für die Zeit zwischen Oktober und Februar.

**Oktober**

Pilze oder Pflanzen sammeln: Gerade, wenn der Herbst

Ende September langsam beginnt, wird es in der Natur sehr bunt, die Blätter verfärben sich und nehmen alle möglichen Gelb- und Brauntöne an. Diese Zeit können Sie sehr gut nutzen, um einen kleinen Ausflug in den Wald zu machen und dort die schönsten Blätter zu sammeln. Im Oktober finden Sie auf dem Boden bestimmt auch einige Kastanien, vielleicht aber auch Hagebutten, Bucheckern oder ein paar Wildkräuter. Zu Hause angekommen können Sie in einem Pflanzenbuch nachschauen, falls Sie ein Blatt, das Sie gesammelt haben, nicht richtig zuordnen können. Wenn Sie lieber etwas Essbares sammeln, dann machen Sie sich im Wald auf die Suche nach Pilzen. Die Pilzsaison dauert nämlich meistens sogar bis Ende Oktober. Bevor Sie Pilze sammeln, sollten Sie sich aber unbedingt gut informieren, welche Pilze zum Ver-zehr geeignet sind und wie Sie diese erkennen können. Ein sehr beliebter Pilz ist beispiels-weise der Steinpilz. Diesen finden Sie sogar bis Ende November in den Wäldern. Der Steinpilz wächst unter Fichten und Buchen, hat einen bräunlichen Hut und einen bauchigen Stiel.

Kürbisse schnitzen: Auch Sie dürfen im Herbst nicht mehr fehlen – Kürbisse. Denn mittlerweile ist es auch in Deutschland ein fester Brauch geworden, an Halloween einen Kürbis zu schnitzen und diesen vor die eigene Haustüre zu stellen. Wenn Sie ein kleines Abenteuer erleben möchten, dann machen Sie sich doch Ende Oktober auf den Weg zu einem Kürbishof. Dort können Sie Ihren eigenen Kürbis ernten und zudem einiges über die orangen Pflanzen lernen. Zu sehen, wo der Kürbis wirklich herkommt, ist viel spannender, als diesen einfach in einem Supermarkt zu besorgen. Außerdem bieten Kürbishöfe oftmals Schnitzkurse an, bei denen Sie sich viele nützliche Tipps rund um das Thema Schnitzen holen können. Sie erfahren dabei einiges über die richtige Schnitztechnik, das richtige Werk-zeug und die Wahl Ihres Motivs. Ein Kürbis muss nämlich nicht immer gruselig sein. Sie können gern experimentieren und versuchen, ein Tier als Motiv in den Kürbis zu schnitzen, beispielsweise eine Katze mit einem Buckel oder eine Fledermaus. Wenn Sie es lieber fröhlich mögen, dann verpassen Sie Ihrem Kürbis ein freundliches Gesicht.

## November

Nachtwanderung machen: Eine Wanderung in der Nacht ist im Sommer möglich, aber warum eigentlich nicht im Herbst? Wenn die Tage kürzer werden und es früher dunkel wird, nutzen Sie dies aus und machen Sie in der Dunkelheit noch eine kleine Wanderung mit Freunden. Im November findet ohnehin traditionell die Laternenwanderung am Martinstag statt. Und auch als Erwachsene können Sie so eine Wanderung mit Laternen unternehmen. Besorgen Sie sich dafür in einem Supermarkt in der Nähe Laternen oder ein paar Fackeln, wenn Ihnen eine Fackelwanderung lieber ist. Dann machen Sie sich auf den Weg in einen Wald in Ihrer Umgebung oder an einem Fluss entlang und wandern Sie, so-lange Sie möchten. Legen Sie zwischendurch auch immer wieder ein paar Pausen ein, um die Geräusche um sich herum bewusst wahrzunehmen und die Stille der Natur zu genießen.

## Dezember bis Februar

Spaß im Schnee: Wenn es im Winter geschneit hat, zögern Sie nicht und machen Sie sich auf den Weg nach draußen, denn den Schnee kann man nicht nur zum Skifahren oder Snowboarden nutzen, sondern auch, um daheim viel Spaß zu haben. Zunächst sollten Sie sich gut auf die Kälte vorbereiten, eine warme Jacke anziehen, ebenso wie Handschuhe und eine Mütze. Laden Sie dann ein paar Freunde ein, bilden Sie zwei Teams und machen Sie eine Schneeballschlacht. Richtig gehört, denn nicht nur Kinder können Schneeballschlachten machen, auch Erwachsene dürfen sich im Schnee austoben.

Bauen Sie sich einen Schutzwall, um vor den Angriffen des Gegners geschützt zu sein und sich dahinter verstecken zu können. Wenn Sie es lieber ruhiger angehen lassen, dann bauen Sie mit dem Schnee einen Schneemann oder ein kleines Iglu. Für den Schneemann müssen Sie lediglich drei kleiner werdende Kugeln formen, die Sie dann übereinander stapeln. Danach können Sie diesen noch mit ein paar Steinen als Augen und einer Karotte als Nase verzieren und dann den Anblick Ihres Meisterwerkes genießen. Für ein kleines Iglu benötigen Sie eine kleine Kiste, um die Ziegel für das Bauwerk zu formen. Suchen Sie sich zuerst einen flachen Untergrund für das Iglu und drücken Sie dort den Untergrund platt. Danach nehmen Sie die Kiste zur Hand, füllen dort Schnee hinein und stellen die entstandenen Ziegel in einem kleinen Kreis auf. Die folgenden Ziegel werden darüber gestapelt, bis Sie eine Kuppel haben. Lassen Sie allerdings unbedingt eine kleine Luke für den Einstieg.

Natürlich gibt es aber noch viele weitere Möglichkeiten für kleine Abenteuer in den kalten Monaten. Haben Sie den Mut und probieren Sie sich aus, aber scheuen Sie sich nicht, auch im Herbst und im Winter etwas zu erleben. Beachten Sie nur, sich stets warm zu klei-den und das Wetter zu checken.

# Sonderform:
# 5-to-9-Adventure

Eine besondere Form des Mikroabenteuers ist das sogenannte 5-to-9-Adventure. Die Zahlen fünf und neun stehen dabei für die Uhrzeiten 17 Uhr und 9 Uhr. Bei dieser Sonder-form geht es nämlich darum, zwischen dem Feierabend und dem Arbeitsbeginn am darauf-folgenden Morgen ein Mikroabenteuer zu erleben, dann aber direkt wieder in den Alltag zurückzukehren. Diese Unternehmung beinhaltet demzufolge eine Übernachtung in der Natur. Damit ist dieses Abenteuer besonders für all diejenigen geeignet, die viel Zeit an Ihrem Arbeitsplatz verbringen, aber auch einfach mal eine Pause davon brauchen.

Bei einem 5-to-9-Adventure ist es wichtig, dass Sie alles, was Sie für das Mikroabenteuer benötigen, direkt mit zu Ihrer Arbeit bringen. Dadurch können Sie nach dem Arbeitsende direkt loslegen, draußen etwas erleben, eine Nacht unter freiem Himmel verbringen und dann zur Arbeit zurückkehren, ohne einen Zwischenstopp zu Hause einzulegen. Bevor Sie sich einen Schlafplatz suchen, können Sie beispielsweise noch ein wenig wandern oder schwimmen gehen. Der große Vorteil dieses Mikroabenteuers ist, dass Sie damit eindeutig Ihre Gewohnheiten aufbrechen können. Normalerweise sieht Ihr Feierabend wahrscheinlich so aus, dass Sie müde nach Hause kommen, dann noch einen Film schauen und dies am nächsten Abend wiederholen. Dem können Sie durch ein 5-to-9-Adventure entgehen und stattdessen etwas erleben.

Damit nutzen Sie die Zeit zwischen Feierabend und dem nächsten Morgen wirklich sinnvoll. Außerdem werden Sie nach einer Nacht in der Natur frisch und entspannt in Ihr gewohntes Leben zurück-kehren. Besonders, wenn die Freizeit und sportliche Aktivitäten bei Ihnen normalerweise auf der Strecke bleiben, ist dieses Erlebnis wirklich einen Versuch wert. Um bei der Übernachtung bestens vorbereitet zu sein, lesen Sie

sich am besten das Kapitel über dieses Thema noch-
mals durch. Ansonsten finden Sie im Folgenden noch
ein paar Tipps für Ihr Abenteuer nach dem Feierabend.

## Kleidung von der Arbeit im Auto oder Spind ab-
legen

Damit Sie die Kleidung, die Sie in der Arbeit getragen
haben, nicht bei Ihrer Unternehmung mitnehmen müssen, legen Sie diese entweder in Ihrem Spind ab oder
in Ihrem Auto. Am besten hängen Sie Ihre Business-
kleidung auf, damit am nächsten Tag nichts verknittert
ist. Natürlich können Sie aber auch noch Wechselkleidung für den kommenden Tag mit-bringen und diese
ebenfalls im Spind deponieren.

## Möglichst wenig Ausrüstung mitnehmen

Wichtig zu beachten ist, dass Sie Ihren Rucksack mit
Verpflegung und Utensilien für die Übernachtung
gleich zu Ihrem Arbeitsplatz mitbringen.
Dann können Sie sich gleich im Anschluss an den Feierabend auf den Weg machen. Dabei ist es allerdings
ratsam, dass Sie möglichst wenig Ausrüstung mitnehmen. Nehmen Sie nur das absolut Notwendigste mit:
genügend Wasser und Verpflegung, Ihren Schlafsack,
eine Hängematte oder eine Isomatte. Nicht sinnvoll ist,

für die wenigen Stunden, die Sie draußen verbringen werden, einen riesigen Berg an Ausrüstung mitzunehmen, den Sie nicht benötigen. Bevor Sie losgehen, deponieren Sie den Rucksack am besten in Ihrem Spind oder in Ihrem Auto, aber achten Sie da-rauf, dass es dort nicht zu warm ist und sich Ihr eingepacktes Wasser dadurch zu stark er-wärmt.

**Einen Ort in der Nähe wählen**

Auch die Auswahl Ihres Schlafplatzes sollten Sie möglichst einfach gestalten. Wählen Sie also keinen Ort, der mehrere Kilometer weit entfernt ist. Stattdessen sollte sich der Schlafplatz in der Nähe Ihrer Arbeit befinden, sodass Sie zu Fuß dorthin laufen und den Ort nach möglichen Dornen und Ästen absuchen können, bevor es dunkel wird. Auch hier gilt aber natürlich wieder, dass Sie zuvor abklären, ob an dem ausgewählten Platz das Über-nachten erlaubt ist. Der Vorteil an der Nähe Ihres Schlafortes ermöglicht, dass Sie sich am Morgen nicht stressen müssen, sondern entspannt zur Arbeit zurücklaufen können. Natürlich ist es auch in Ordnung, wenn Sie mit Ihrem Fahrrad zu Ihrem Schlafplatz und zurück fahren.

**Vor der Arbeit kurz frisch machen**

Bevor Sie am Morgen zu Ihrem Arbeitsplatz zurück-
kehren, sollten Sie sich unbedingt kurz waschen. Nach
einer Nacht in der Natur fühlt es sich einfach gut an,
sich kurz noch einmal frisch zu machen. Dies könnten
Sie beispielsweise direkt in Ihrer Arbeit machen, falls
es dort eine Dusche gibt. Danach können Sie Ihre
Wechselkleidung anziehen und sich dann wieder Ihrer
Arbeit widmen. Vielleicht gibt es in der Nähe auch ein
Freibad und Sie können sich dort kurz waschen. Wenn
Sie keine dieser Möglichkeiten haben, ist es womöglich
doch ratsam, einen kurzen Abstecher nach Hause zu
machen. Ganz sollten Sie nicht darauf verzichten, da
Sie sich durch das Duschen einfach viel frischer und
sauberer fühlen. Vor allem, wenn Sie bei Ihrem Abenteuer geschwitzt haben.

# Mikroabenteuer mit Kindern

D as letzte Kapitel soll nun Mikroabenteuern gewidmet sein, die Sie gemeinsam mit Ihren Kindern erleben können. Denn auch mit Kindern gibt es genügend Möglichkeiten, um draußen etwas zu unternehmen.

Vor allem Kinder können von so einem Mikroabenteuer in der Natur unglaublich profitieren. Zum einen können Sie dadurch eine spezielle Verbindung zur Natur aufbauen und diese besser kennenlernen, zum anderen können Sie mit Ihrer Hilfe vieles über die Pflanzen- und Tierwelt lernen. Dadurch, dass ein

Mikroabenteuer so wenig Planung und Vorbereitung erfordert, können Sie auch mit Kindern einfach spontan starten, ohne davor viel Zeit zu investieren. Gerade mit Kindern ist es allgemein recht wichtig, sich keinen Plan zu machen und sich statt-dessen einfach auf das Abenteuer einzulassen.

Machen Sie sich nicht zu viele Gedanken und lassen Sie sich von Ihren Kindern mitreißen. Wenn Sie ein Abenteuer mit Kindern erleben wollen, sollten Sie allerdings zwei Aspekte beachten. Sie sollten zum einen auf jeden Fall genug Essen und Trinken mitnehmen, um die Kinder jederzeit versorgen zu können, wenn Sie danach verlangen. Zum anderen ist es ratsam, viel Zeit einzuplanen. Durch Kinder kann sich ein Abenteuer auch gern in die Länge ziehen.

In diesem Fall ist es aber wichtig, dass Sie sich diese Zeit auch nehmen und sich nicht stressen lassen. Gehen Sie immer auf die Bedürfnisse des Kindes ein und kehren im Notfall auch um, wenn das Kind das Abenteuer nicht genießen kann. Ansonsten sollte die Unternehmung insgesamt kindgerecht sein und nicht zu anspruchsvoll. Probieren Sie gern die folgenden Vorschläge aus und nutzen Sie die Zeit mit Ihren Kindern.

Kletterbaum erklimmen: Suchen Sie sich gemeinsam in Ihrem Garten oder einem nahegelegenen Park einen Baum, auf den man gut klettern kann. Dann klettern Sie gemein-sam mit Ihrem Kind auf den Baum und passen Sie dabei stets gut auf, dass Sie nur auf die dicken, stabilen Äste steigen. Klettern Sie nur so hoch, wie es sich Ihr Kind zutraut, und nicht höher. Dann genießen Sie zusammen den Ausblick von oben. Klettern Sie wieder hin-ab und setzen das Spiel an einem anderen Baum fort. Wenn Sie etwas Abwechslung hinein-bringen möchten, dann nehmen Sie ein Seil mit, das Sie an einem Ast befestigen. Im An-schluss können Sie dann wie mit einer Liane damit herumschwingen. Ansonsten können Sie sich mit Ihrem Kind oder Ihren Kindern natürlich auch ohne Seil an einen Baum hängen und die Ruhe genießen.

Wald erleben: Wählen Sie einen Wald aus, den Sie zu Fuß erreichen können, oder schnappen Sie sich die Fahrräder und fahren Sie zu einem Wald in der Umgebung. Vergessen Sie dabei nicht, etwas Proviant einzupacken. Im Wald angekommen, sagen Sie Ihrem Kind, dass es die Augen schließen soll. Dann führen Sie das Kind blind durch den Wald, während es versucht, die Geräusche und Gerüche wahrzunehmen. Passen Sie dabei aller-dings stets auf, dass Sie nicht auf Steine, Wurzeln oder andere Stolperfallen treten. Wenn das Kind genug hat, dann wechseln Sie sich ab und lassen sich selbst einmal blind führen. Das stärkt die Beziehung und das Vertrauen zu Ihrem Kind. Wenn Sie damit fertig sind, nutzen Sie die Gelegenheit und sammeln Sie gemeinsam kleine Blätter, Äste und Steine. Gera-de für Kinder gibt es in einem Wald viel Interessantes zu entdecken. Wenn Sie bei Ihrem Mikroabenteuer gern noch etwas für die Umwelt tun möchten, sammeln Sie auch den Müll ein, den Sie im Wald finden.

Lieblingsplatz besuchen: Vielleicht hat Ihr Kind bereits einen Lieblingsplatz in Ihrem Heimatort. Dann suchen Sie diesen Ort auf, nehmen sich etwas Leckeres zu Essen mit und machen dort ein gemütliches Picknick. Wenn Ihr Kind noch keinen Lieblingsplatz besitzt, unterhalten Sie sich und wählen Sie gemein-sam einen Ort aus. Sie könnten zuerst auch mehrere Orte besuchen und dann den Besten aussuchen. Den ausgewählten Ort können Sie dann beispielsweise jede Woche besuchen. So haben Sie jede Woche einen kleinen Ausflug, auf den Sie sich freuen können.

Mit Holz basteln: Kinder basteln grundlegend gern. Deshalb bietet es sich doch gut an, etwas aus natürlichen Materialien zu formen. Dafür müssen Sie eigentlich nur in den eigenen Garten gehen, in einen Park oder einen Wald. Sammeln Sie ein paar Äste zusammen, wobei Sie ein paar dickere, stabile und ein paar dünnere Äste suchen. Dann seien Sie kreativ und basteln Sie gemeinsam mit Ihrem Kind zum Beispiel einen Pfeil und einen Bo-gen. Für den Bogen sollten Sie allerdings von zu Hause einen Faden mitnehmen. Sie könnten auch ein kleines Haus bauen. Dafür benötigen Sie dann mehr Äste und auch etwas mehr Zeit.

# Schluss mit Ausreden

Wenn Sie nun den ganzen Ratgeber aufmerksam durchgelesen haben, stellt sich eigentlich nur noch eine Frage:

Worauf warten Sie noch?

Sie haben in den vergangenen Kapiteln erfahren, wie Mikroabenteuer definiert werden, welche Gründe es gibt, ein Mikroabenteuer zu machen, und wie Sie sich am besten dazu überwinden können. Neben einer Checkliste haben Sie viele verschiedene Inspi-rationen für kleine Abenteuer erhalten, die Sie mit den Tipps in diesem Ratgeber sofort umsetzen können.

Das heißt, es liegt jetzt nur noch an Ihnen. Schieben Sie Ihre Zweifel beiseite und pro-bieren Sie es einfach selbst aus, denn ein Versuch kann nicht schaden. Schieben Sie Ihr persönliches Abenteuer nicht wieder weiter auf und lassen Sie die Ausreden sein. Weder die Jahreszeit noch Ihre Kinder oder Ihr Alter können Sie daran hindern, in der Natur etwas zu erleben. Wie Sie gesehen haben, lässt sich ein Mikroabenteuer sehr flexibel gestalten und kann einfach an die persönlichen Bedürfnisse angepasst werden.

Und denken Sie stets daran: Sie müssen nicht den Atlantik überqueren oder durch die Sahara wandern wie Alastair Humphreys. Es geht darum, ein kleines Abenteuer vor der eigenen Haustür zu erleben. Nicht mehr und nicht weniger. Es zählt nur, dass Sie Ihre Komfortzone verlassen und aus dem Alltag ausbrechen können. Also denken Sie nicht mehr lange nach, seien Sie einfach einmal spontan und probieren Sie es aus. Gehen Sie raus, erleben Sie etwas und genießen Sie Ihr persönliches Mikroabenteuer!

© Herstellung und Verlag:

BoD – Books on Demand, Norderstedt

ISBN: 9783753453132

© Lara Althaus 2021

1. Auflage

Kontakt: Psiana eCom UG/ Berumer Str. 44/ 26844 Jemgum

Covergestaltung: Fenna Larsson

Coverfoto: depositphotos.com